# IO NON SONO IL MIO NOME

Riflessioni di un uomo comune

Mirko Di Bella

**Casa editrice:** Independently published

1^ edizione, gennaio 2021
**Copyright © 2021** by Mirko Di Bella
**ISBN** 9798596997958

*Senza autorizzazione dell'autore è vietato
riprodurre questo volume anche parzialmente
e con qualsiasi mezzo, digitale o cartaceo.*

*A mio fratello Denis,*
*ai suoi sorrisi e alle sue lacrime*

Custodisci con ogni cura quel tempo che finora ti era portato via, o ti sfuggiva. Persuaditi che le cose stanno come io ti scrivo: alcune ore ci vengono sottratte da vane occupazioni, altre ci scappano quasi di mano; ma la perdita per noi più vergognosa, è quella che avviene per nostra negligenza. Se badi bene, una gran parte della vita ci sfugge nel fare il male, la maggior parte nel non fare nulla, tutta quanta nel fare altro da quello che dovremmo.

Lettere a Lucilio ~ Seneca

# Indice

| | |
|---|---:|
| Introduzione | 8 |
| 1 Il Sistema e il Denaro | 9 |
| 2 La Bolla di Papa Bonifacio VIII | 17 |
| 3 Il Soggetto Giuridico | 19 |
| 4 Il Signoraggio Bancario | 25 |
| 5 L'esperimento del Simec | 29 |
| 6 Il controllo delle persone | 35 |
| 7 L'atto di nascita | 41 |
| 8 L'Attestato di Nascita | 49 |
| 9 Sono un Legale Rappresentante | 57 |
| 10 Conclusioni | 85 |

# INTRODUZIONE

*Con molta onestà intellettuale questo volumetto, opera prima di un uomo comune come ama definirsi Di Bella, più che un libro è un pamphlet, termine che definisce brevi scritti polemici, satirici o denigratori contro qualcuno (dal francese Pamphilet, popolare commedia latina in versi del XII sec.). Una trattazione snella e moderna, destinata a far discutere o riflettere.*

*Lo spazio temporale in cui si colloca, l'attualità del XXI sec. nazionale e mondiale, merita successivi approfondimenti che l'autore ha promesso di eseguire in futuro, con più sicurezza narrativa. L'inconveniente sottolineato più volte è la divisione fra le persone che ignorando gli strumenti in loro possesso non sono in grado di cambiare il livello della propria esistenza.*

*Uno dei temi che non mancherà di stimolare l'interesse del lettore riguarda il grande imbroglio generato dalla consuetudine nell'accettare disposizioni e regolamenti, in realtà un fil rouge che permea ogni pagina.*

**M.P.**

# 1

# IL SISTEMA E IL DENARO

Nel corso della mia vita ho acquisito una serie d'informazioni che desidero condividere, la mia visione delle cose mi ha permesso di pervenire a delle certezze che desidero comunicare. Sono consapevole che gli accadimenti odierni non siano imputabili allo Stato, ai Politici o al **Sistema**. Quest'ultimo funziona grazie alla disunione degli esseri umani e da parte dell'élite che per controllare deve separare le Masse, creando attrito, divergenze, dividendole, dalle cose più banali a quelle più importanti, dallo sport, alla politica.

Lo strumento all'apice di questo controllo è il **Denaro**. Tramite un pezzo di carta il sistema riesce a controllare l'uomo dalla nascita alla morte. C'è un **vertice** al disopra di tutto (Governi, Mafie, Massonerie) ed è un vertice sconosciuto, invisibile agli occhi dei comuni mortali, che decide le sorti d'interi Paesi, ed è lo stesso che crea le crisi politiche e le guerre. Chi guadagna da una guerra? No, non sono gli Stati a vincere o guadagnare, ma chi finanzia i conflitti e si tratta sempre del Vertice occulto, che prende forma e concretezza con il cinico Sistema Capitalistico Mondiale, capace di rispondere solo alla legge dei mercati.

Già nell'Ottocento riceveva fondi da banche private per sovvenzionare le guerre, cadendo così nella spirale del debito. Dalla Seconda Guerra Mondiale in poi siamo diventati una succursale degli Stati Uniti d'America, cambiando così, di fatto, soltanto il padrone: prima era il duce, poi gli alleati. In realtà noi non siamo mai stati liberi; nemmeno gli Stati Uniti, intesi come popolo, lo sono. E non lo saremo fintanto che non avremo la possibilità di comprendere a fondo queste dinamiche, fatte di scelte finanziarie, volte soltanto all'accumulazione sfrenata di capitale.

Chi ha organizzato tutto questo, i responsabili della nostra condizione, sono menti raffinate, perché nessuno può comprendere fin dove siamo stati trascinati, facendoci credere di essere un nome e un cognome. È talmente sottile questo profondo inganno, che risulta incomprensibile ai più. Identificandoci in un SOGGETTO GIURIDICO, creato dal nulla, ex nihilo, da esseri umani viventi creditori ci siamo trasformati in soggetti giuridici debitori, di una religione, di una chiesa cattolica Apostolica Romana, che cambia all'interno dei Tribunali. Non a caso il giudice veste di nero come il prete e il gendarme, non a caso parliamo di riti all'interno delle chiese, così come accade nei Tribunali, con i procedimenti e l'applicazione di leggi negli iter giudiziari.

Potremmo definire la Magistratura come la Chiesa cattolica-apostolica, travestita sotto mentite spoglie. È l'inquisizione romana, così era durante l'Impero Romano, così è oggi. Questa è la verità che noi ignoriamo, ci hanno confinato nell'ignoranza, affinché non prendiamo coscienza sottovalutando le nostre potenzialità. Alimentiamo un sistema parassitario perché grazie al nostro operato abbiamo sostenuto da secoli un'élite improduttiva abile a sfruttare il lavoro e la vita altrui, costringendo il popolo alla schiavitù. Oggi enuncio informazioni che chiunque può approfondire.

La maggior distrazione per l'uomo è il lavoro, ma... realmente lo nobilita? No, lo opprime! In base all'articolo 1 della Costituzione Italiana, l'Italia è una Repubblica democratica fondata sul lavoro, quindi sulla fatica, perché lavoro significa sforzo, impegno e quando rientri a casa, ovviamente sei stanco. Non hai la possibilità, il tempo, di comunicare neanche con tua moglie o tuo marito, figuriamoci se trovi il tempo di riflettere sulla condizione in cui vivi e le dinamiche che ti hanno portato a lavorare di più per avere di meno, tra infelicità e frustrazione, alimentando quel Sistema creato dallo Stato, azienda privata, che bada ai suoi interessi, retribuendo i dipendenti pubblici al suo servizio chiamati per l'appunto dipendenti come quelli di un centro commerciale.

Dopo questa premessa, parliamo del Denaro, il maggior sistema che ci tiene legati come burattini ai burattinai rendendoci in schiavitù. Non sono un economista, guardo le cose in modo semplice poiché le complicazioni preferisco lasciarle agli accademici. Da sempre, anche inconsciamente, mi rendo conto che qualcosa non torna. Di sicuro, non raccontano tutta la verità, anzi, viene occultata perché ci porterebbe ad essere più sani nel corpo e nello spirito. In tal caso potremmo fare a meno del medico e del prete!

Lavorando tanto, si sciupa quel tempo che invece servirebbe per svegliarsi dal letargo, di conseguenza è un sistema machiavellico e subdolo, molto subdolo. Dobbiamo comprendere di essere equiparati a schiavi, altrimenti non possiamo compiere alcuna procedura utile, poiché se non capiamo di essere giunti su questo pianeta liberi e sovrani e un attimo dopo tiranneggiati, non si andrà da nessuna parte. Bisogna ribellarsi, in tale contesto storico è fondamentale non aver paura, perché con la paura finora ci hanno oppresso e dominato.

Purtroppo saremo sempre distratti e senza intesa continuerà la prevaricazione, oggi ho capito che la deriva è in accelerazione poiché ci stanno disumanizzando in mille modi diversi.

Il processo è sempre più veloce, per fortuna tanta gente si sta risvegliando, i bambini nati in questo secolo hanno una mente evoluta e potrebbero cambiare il corso della storia. Allora il Sistema cosa fa?

Ordisce di tutto per fermare l'evoluzione, mantenere il potere sui suoi schiavi, affinché non si ribellino. Un cervello funzionante in un corpo difettoso o malato è come la memoria dell'hard disk in un computer con problemi al sistema operativo.

Sono molte le cose che non percepiamo, ma che in realtà esistono e stanno condizionando l'intero pianeta e la sua esistenza. L'essere umano ha una coscienza, ma non arriva a pensare con tanta malvagità, le menti che organizzano il mondo come oggi lo conosciamo invece sono perverse, prive di umanità.

## DENARO + MONETA = DEMONE

Denaro e moneta, se voi provate a unire le iniziali di questi due termini, equivalgono a Demone e non è un caso, le parole sono tutte studiate, hanno un fondamento.

Guardiamo l'aspetto economico, il Dio Denaro, lo strumento del diavolo, con esso siamo amministrati e asserviti al potere. Riguardo le religioni, servono a dividerci, però nel momento in cui ne prendiamo atto, abbiamo la possibilità di scegliere il dio reale come Entità, Fede o stile di vita. Essere in grado di utilizzare determinati termini della lingua italiana, la cui tradizione scritta è antica e illustre, conoscere l'etimologia delle parole, è importante e vi spiego perché. Al pari dell'economia, che in una società rappresenta il sangue umano, togliere denaro dalla circolazione, è come estrarre sangue da un individuo. Ciò che sta avvenendo è una morte lenta e costante, ecco spiegato il motivo di tanti suicidi, l'umanità sta morendo perché priva dello strumento cui ha affidato la propria vita.

Vivere in città, quindi separati dalla natura, staccati dalla condizione originaria di vita, è incoerente e insalubre, impedisce all'individuo di ricaricare la propria parte energetica. Abitare in un appartamento, cioè appartato, separato, in un condominio, Con-Dominio, significa essere dominati.

All'interno della città, controllati dai vigili urbani, polizia, carabinieri, ci opprime il traffico, ci soffocano le frequenze dei telefoni cellulari, dei ripetitori, tra poco regnerà il 5G... siamo circondati!

Giriamo su noi stessi come bestie da soma dentro un recinto e ne siamo consapevoli. Voi decidete della vostra vita e se capite ciò che vi aspetta accettandolo tacitamente, diventate complici del sistema stesso.

Se non comprendiamo le dinamiche più ampie di questa condizione, è impossibile risolvere il nostro problema con una marca da bollo su un pezzo di carta, cercando di regolare una questione burocratica chiedendo lumi all'addetto intorpidito di un ufficio pubblico, selezionato il più delle volte per la sua incapacità.

In Tribunale se non sappiamo come difenderci, se ignoriamo chi siamo veramente, saremo sempre condannati per qualcosa chiamata reato. In realtà, non lo è (escludendo quelli penali), non crea danno se non economico in un apparato statale che fa i propri interessi a carattere prettamente finanziario. Le persone hanno il dovere di rispettare le leggi, che nel 99% dei casi non hanno mai chiesto e **non sono uguali per tutti**. La legge dovrebbe essere uguale per tutti, com'è scritto in ogni aula di tribunale. Il sistema giuridico mondiale è inquisitorio, conforme alla sottomissione, gioca sull'ignoranza diffusa della popolazione per dominarla.

Nei Tribunali si applica il **Diritto Marittimo**[1] ossia del Commercio, si movimenta denaro, si fa cassa, non a caso il terzo grado di giudizio si chiama Cassazione.

### CASSAZIONE = Azione di Cassa

Il terzo grado è l'ultimo, pertanto il governo agisce solo come esattore e per procedere estrae tutte le energie, la linfa vitale di ogni individuo e quindi il denaro. Il sistema giuridico è la vera Inquisizione!

---

[1] *L'espressione diritto marittimo ha un significato molto ampio, includendo numerosi elementi che ruotano intorno alla navigazione, all'industria e al traffico marittimo; non si tratta soltanto di una sezione relativa il diritto commerciale, per quanto sia la più importante.*

# 2

# LA BOLLA DI PAPA BONIFACIO VIII

Il Sistema odierno ha origine il 18 novembre 1302, data in cui Papa Bonifacio VIII promulgò la bolla papale "Unam Sanctam Ecclesiam". Con essa il papato si appropriò di tutti gli esseri umani della terra, definendoli dispersi in mare a causa del diluvio universale collocandosi come intermediario tra il Primo Creatore e il Popolo della Terra. Bonifacio VIII dichiarò:

"Col Diluvio Universale l'umanità è finita sott'acqua o dispersa in mare; l'unico sopra le acque è Noè che rappresenta l'Unica Santa Chiesa. Chi gestirà tutti beni, mobili e immobili che affioreranno in seguito al ritiro delle acque? Dato che Noi, Chiesa Cattolica, siamo i diretti rappresentanti di Dio, ci arroghiamo il diritto di amministrare tutto, fintantoché, l'uomo non ritornerà per reclamare il suo diritto".

La Bolla Papale acquisì valore in quanto non fu mai contestata, ragion per cui da consuetudine divenne legge. La Chiesa si arrogò il diritto di concedere ai regnanti l'amministrazione dei territori conquistati, quindi il potere temporale fu assoggettato al potere religioso.

Dante nella Divina Commedia collocò Papa Bonifacio VIII all'Inferno, nella bolgia dei Simoniaci (Malebolgie), la terza dell'ottavo cerchio riservata ai fraudolenti, avendolo tacciato di malvagità e corruzione.

# 3

# IL SOGGETTO GIURIDICO

Per non farsi sopraffare dal sistema, è fondamentale l'unione, noi siamo disuniti, a cominciare dai movimenti politici, ai partiti, le associazioni di categoria e tanto altro, ragion per cui votare non ha alcun senso.

Il voto è dei morti, da decenni ormai abbiamo esempi di come, pur avendo espresso la nostra preferenza verso un partito, ci ritroviamo a essere governati da un mix di raggruppamenti politici o peggio da "tecnici" spesso sconosciuti al popolo. Il rito del voto racchiude in sé un losco messaggio, l'essere umano o meglio il SOGGETTO GIURIDICO introduce la scheda nell'urna. Mi sembra chiaro non sia casuale averla chiamata "urna".

Cercherò di chiarire il significato di SOGGETTO GIURIDICO, concetto di non facile comprensione.

**SOGGETTO GIURIDICO = BURATTINO**

Tutto ruota intorno a un SOGGETTO GIURIDICO inventato dal nulla, l'equivalente del burattino che si muove all'interno del teatrino.

Noi possiamo essere spettatori o burattinai dei nostri Pupi, perché finora siamo stati manovrati con l'inganno, a cominciare dal certificato di nascita.

L'identificazione tramite un pezzo di carta è una procedura scolpita nella nostra mente, ci hanno talmente indottrinato da identificarci nel SOGGETTO GIURIDICO. Non possiamo essere rappresentati o riconosciuti soltanto se possediamo un documento d'identità, ma siamo stati convinti a crederci. Provate a parlare di tali argomenti a persone che ignorano questi inganni... come minimo sarete giudicati pazzi da esseri dormienti, che forse non capiranno mai. Svegliamoci, svegliamoli e iniziamo a comprendere come funziona il Sistema.

Il SOGGETTO GIURIDICO è equiparabile a uno schiavo che fa da tramite fra i Vessatori e la vostra vera essenza di Essere Umano/Persona Umana, figure che soltanto il Diritto Internazionale può tutelare. Adesso diventa importante capire i modi in cui lo Stato, attraverso il suo ordinamento giuridico, ci può riconoscere.

"L'Essere Umano non esiste per l'ordinamento giuridico ".

Il Diritto Positivo[2], quindi lo Stato, v'identifica soltanto in questi modi:

1. **Nome e Cognome** = scritto così, in alternato, identificano la Persona Fisica;

2. **Nome e Cognome** = rappresenta la Persona FISICA (usato nel penale, cioè chi va in galera). Il suo ruolo è di pagatore (paga il debito del SOGGETTO GIURIDICO);

3. **Nome e Cognome** = il SOGGETTO GIURIDICO o la finzione giuridica o uomo di paglia, il suo ruolo è di debitore. In pratica è un "sostituto d'imposta" rispetto alla persona umana.

Riprenderò il concetto più avanti ampliandolo.

Lo Stato ammette soltanto le suddette figure. Se vi trovate in un qualsiasi tribunale e vi presentate come un Essere Umano, non solo non vi riconosce, ma rischiate anche il TSO, un trattamento sanitario obbligatorio, quindi fate bene attenzione alla sede in cui siete e a come vi dichiarate.

---

[2] *Il diritto positivo è dato dalle norme vigenti in uno Stato. Esso prende anche il nome di ordinamento giuridico.*

"Tutti gli esseri umani nascono liberi ed eguali in dignità e diritti. Essi sono dotati di ragione e di coscienza e devono agire gli uni verso gli altri in spirito di fratellanza". (Art.1 della Dichiarazione universale dei diritti umani).

In questo periodo sentiamo parlare di **sovranismo** (traduzione libera dal francese souverainisme), neologismo politico che sostiene la tutela o la riconquista della sovranità nazionale. Il popolo cerca risposte, non trovandole assume una posizione politica per contrastare lo sviluppo della globalizzazione e difendere il proprio spazio vitale.

Occorre formare chi sta aprendo gli occhi a rappresentarci e parlare per noi. Ecco perché al momento della nascita, cioè della vendita della proprietà del nascituro che arriva dalle acque materne, si applica il Diritto Marittimo: i genitori inconsapevolmente cedono la proprietà del bambino allo Stato. Firmano senza rendersi conto che è una vera e propria frode, in cui lo Stato diventa proprietario del nascituro e ne concede l'affidamento al padre e alla madre. Se voi non seguite quelle regole, lo Stato, in quanto proprietario del bambino, può sottrarlo quando vuole ed è ciò che sta accadendo in questi ultimi anni in tante famiglie dove i figli vengono allontanati per i motivi più disparati.

Ricordiamo la tragica vicenda accaduta a **Bibbiano**. Nel maggio 2019 scoppiò lo scandalo riguardante un contorto e malvagio sistema concepito per sottrarre i bambini a famiglie deboli con problemi di varia natura, al fine di gestire gli affidi in cambio di denaro, assegnandoli a coppie giudicate più idonee. L'inchiesta "Angeli e demoni" portò alla luce una serie di abusi psicologici forse irreversibili ai danni dei minori. Esperti avrebbero plagiato le loro menti, anche con sedute di psicoterapia che secondo l'accusa servivano a indurre ricordi manipolati. I bimbi furono convinti a confessare violenze mai accadute in famiglia, vennero redatte false perizie e relazioni per determinare l'allontanamento dai genitori. Psicoterapeuti, servizi sociali, finanche una Onlus, nonché il sindaco della cittadina, furono rinviati a giudizio con oltre cento capi d'accusa. Non tutti i bambini sono tornati a casa.

Il problema nasce da questa condizione di schiavitù, che ha origine al momento della nascita, quindi dobbiamo riconoscere chi siamo realmente, come esseri in carne e ossa, non come SOGGETTO GIURIDICO nato col certificato di nascita, ossia un titolo amministrativo. Noi nasciamo con un debito, derivante da quello dello Stato italiano nei confronti di una banca privata, la BCE[3] (Banca Centrale Europea).

---

[3] *La BCE è la banca centrale dei 19 Stati membri dell'Unione europea che hanno adottato l'euro.*

Noi nasciamo debitori o meglio, nasciamo creditori, ma al momento in cui si rompono le acque materne diventiamo debitori, se con l'incoscienza dei nostri genitori cadiamo nella condizione di SOGGETTI GIURIDICI. Identificandoci in quel pezzo di carta, infatti, in base all'estratto di ruolo dell'Agenzia delle Entrate, ciascuno di noi è considerato una **ditta**.

Siamo tutti registrati in tal modo, tra l'altro possiamo definirci ditte fallimentari, poiché negli anni '20 -'30, con un escamotage l'élite bancaria dichiarò il fallimento degli Stati (sia dell'Italia, ma anche di altri, come gli Stati Uniti) acquisendoli. Non potendo mantenere lo stesso marchio registrato come Repubblica Italiana (anche se in realtà allora non era ancora Repubblica) trasformò questo copyright in Italy Republic Of e nel '34 e fu eseguita la registrazione presso la SEC[4] (Security Exchange Commission) di Washington.

Questo fallimento lo portiamo ancora oggi sulle spalle come debito pro capite su ciascun individuo. Pensiamo che ci sia uno Stato ma tale in realtà non è, essendo invece una Corporation, tra l'altro fallita, amministrata da privati e con debiti che ricadono su ogni nascituro. Debito che va crescendo per via del Signoraggio Bancario.

---

[4] *La SEC fu fondata nel 1934 da Roosevelt ed è l'ente federale statunitense preposto alla vigilanza della borsa valori.*

# 4

# IL SIGNORAGGIO BANCARIO

Il Signoraggio Bancario è la truffa con cui le Banche private indebitano i popoli stampando denaro dal nulla, producendo banconote senza alcuna copertura aurea, operazione resa possibile dopo l'abolizione degli accordi di Bretton Woods in cui si pose fine alla convertibilità dollaro-oro. Il 15 agosto 1971 fu una data storica che segnò una svolta importante nella storia economica mondiale.

In passato era necessario che a ogni banconota corrispondesse un controvalore in oro, conservato nella banca stessa. Prima si depositava il valore, per evitare di portarsi chili di oro appresso, dopodiché erano sostituiti da titoli rilasciati dalla banca attestanti la proprietà aurea e la possibilità di commercializzare per quel valore. Veniva rilasciata la cosiddetta Nota di Banco da cui derivò poi il termine BancoNota.

La nota di banco certificava quanto oro si possedeva in banca, ma era una convenzione anche quella. Vigeva una regola che stabiliva, in base all'oro depositato all'interno dei caveau delle banche nazionali, quanta moneta si poteva emettere.

"L'attuale creazione di denaro dal nulla operata dal sistema bancario è identica alla creazione di moneta da parte di falsari. La sola differenza è che sono diversi coloro che ne traggono profitto".

~Maurice Allais, Nobel per l'economia nel 1988~

Il denaro è una convenzione sociale, uno strumento, un bene acquisito. Noi, per prassi e accettazione, facciamo circolare pezzi di carta o monetine, dando loro un valore nominale, cioè quello impresso, credendo sia tale, ma è la nostra credulità che dà valore a quel pezzo di carta. Potremmo barattare lenticchie o fagioli, ma scambiamo denaro in quanto è uno strumento comodo che ci permette le transazioni commerciali. Lo strumento può essere valido se utilizzato con etica, ma chi lo controlla? Dovremmo pensarci noi, se fosse nostro, ma in realtà non lo è, appartiene a coloro che lo creano, gli "istituti privati".

Lo fanno circolare secondo le loro regole e lo prestano alle loro condizioni. In un primo periodo, quando a produrre denaro se ne occupava lo Stato stesso, poteva permettersi di stampare cartamoneta nelle quantità necessarie per il buon funzionamento del Paese.

Oggi invece la Banca D'Italia è di questa fantomatica BCE e cioè dei cartelli bancari, essendo la BCE partecipata a vario titolo in diverse percentuali da tutte le Banche Nazionali Europee, che però a loro volta sono privatizzate.

La moneta non è più gestita dallo Stato, ma da un ente privato, tra l'altro sovranazionale, che addirittura la stampa e la detiene, in seguito la presta agli Stati, con richiesta d'interessi e crea una vera e propria truffa col debito pubblico chiamato appunto Signoraggio. Gli Stati hanno ceduto la sovranità monetaria e stanno strozzando la cittadinanza per restituire un debito che non ha neanche un senso giuridico. Il debito è uno strumento d'usura, di affossamento d'intere società, con cui stanno distruggendo l'economia. In Grecia l'hanno già fatto, lo stanno facendo in Italia e lo faranno in tutta Europa e non solo. Uno Stato Sovrano dovrebbe creare la propria moneta e, come enunciavo prima, se così fosse, il governo dovrebbe retribuire tutti i cittadini, non solo i dipendenti pubblici. Questa situazione comporta il dissanguamento della popolazione: se mi trasfondono un litro di sangue dal braccio destro e dal sinistro ne tolgono un litro e mezzo, ogni giorno avrò mezzo litro di sangue in meno e morirò prima ed è ciò che stanno facendo con l'economia. I governi stanno creando una finta crisi provocata da una strategia ben architettata.

Se fosse legata al denaro, basterebbe stamparlo per risolverla!

# 5

# L'ESPERIMENTO DEL SIMEC

Nel 2000 **Giacinto Auriti** con l'aiuto dell'allora sindaco **Mario Palmerio**, condusse un esperimento nella sua cittadina natale, Guardiagrele, in provincia di Chieti (Abruzzo), emettendo il **SIMEC**[5], con lo scopo di provare le sue teorie sulla creazione di valore della moneta da parte della cittadinanza.

Giacinto Auriti era avvocato e docente di economia e commercio, realizzò il primo esperimento in Italia di moneta alternativa o meglio complementare, stampando dei titoli al portatore chiamati SIMEC che sostituirono in parte l'economia degradata della crisi di allora a Guardiagrele, il paese con il più alto tasso di suicidi in Italia. L'esperimento fece sì che in quarantotto ore con l'introduzione dei SIMEC, una sorta di moneta secondaria o aggiuntiva che era legata alla forza lavoro, si risolsero i problemi legati all'economia della cittadina.

---

[5] *SIMEC significa **SIM**bolo **EC**onometrico di valore indotto e serve per misurare il valore dei beni Economici.*

Quest'esperimento fu talmente invasivo e fastidioso per lo Stato o meglio per la Banca d'Italia, che chiese l'intervento della Guardia di Finanza e fece sequestrare tutti i titoli.

La Banca d'Italia stava perdendo il suo controllo sull'economia o meglio il sistema di schiavitù dell'intera popolazione italica. Addirittura chi non partecipò all'esperimento, inizialmente una minoranza, fu costretta a farlo perché la gente incominciava ad acquistare e scambiare all'interno del circuito composto dalla maggior parte dei cittadini di Guardiagrele. Gli altri, trovatisi fuori, furono costretti loro malgrado ad entrare nel circuito. Non è vero che non si può risolvere un problema economico, in verità le banche desiderano asservire intere nazioni.

Solo nel nord-est europeo circolano più di 3000 monete complementari, ma sono micro realtà, che secondo il cartello bancario devono essere sanzionate. Giacinto Auriti affermava: "La consuetudine fa legge"... In effetti, i Comuni possono stampare la propria moneta comunale, è previsto dal testo unico delle normative sui Comuni, ma perché nessuno lo fa? Per ignoranza o collusione. In passato, molti hanno provato a stampare la propria moneta di stato, nomi illustri come Kennedy, Lincoln e Aldo Moro in Italia.

Lo Stato non vuole cittadini liberi e sereni ma occupati e incazzati, perché meglio controllabili. In città, in mezzo al traffico, sempre perennemente arrabbiati col proprio vicino, quello davanti, quello dietro, pronti a suonare il clacson perché non sgomma al semaforo... questa è la vita cittadina.

La gente trascorre senza rendersene conto un quarto, se non un terzo della propria vita, dietro uno sportello pubblico, perdendo tempo ed energia. Tutta in fila per rinnovare un contratto, pagare le tasse, richiedere un documento, patente, carta d'identità, tessera sanitaria, licenza di pesca o quella per andare al bagno.

Fra un po' vorranno conoscere il peso degli escrementi prodotti per addebitare il costo riguardante lo smaltimento rifiuti... eh sì, stiamo arrivando anche a questo!

A breve non sarà consentito neanche di spostare denaro dal vostro conto a quello di un parente, le donazioni saranno tassate, cosa peggiore verrà eliminato il contante,- evento già previsto negli USA anche attraverso i giochi da tavolo.

Nel 1982 Steve Jackson, creatore di giochi di ruolo, creò "Illuminati card game" un gioco di carte ispirato dai romanzi della trilogia "Illuminatus!" di Robert Anton Wilson e Robert Shea. Nel 1990 iniziò a progettare il nuovo game "Illuminati – Il Nuovo Ordine Mondiale" o "INWO" per usare un acronimo.

Le sue carte da gioco anticiparono l'attacco dell'11 settembre 2001 alle Torri Gemelle, altre ipotizzarono eventi in un futuro prossimo e due predissero eventi descritti nella Bibbia.

Le carte "Illuminati" il cui sottotitolo non a caso è "Il gioco della cospirazione", raffigurano gruppi segreti di cospiratori che tramano per conquistare il dominio del mondo. Jackson non fu poi così visionario immaginando l'abbattimento del Pentagono, la crisi petrolifera e quella economica, epidemie e terremoti.

# 6

# IL CONTROLLO DELLE PERSONE

Nei due hub milanesi di Malpensa e Linate è attivo in fase sperimentale il **riconoscimento biometrico facciale** che diventerà permanente dalla primavera 2021. Prassi quotidiana negli Usa, il Face Boarding cancella le attese ai controlli di sicurezza e agli imbarchi, il sistema rileva le informazioni contenute nel documento d'identità elettronico e nelle carte d'imbarco, al passeggero basterà mostrare il proprio volto giungendo all'imbarco senza perdere tempo in fila.

Dicono non sarà memorizzata alcuna foto dei passeggeri... dicono. Tuttavia a oggi è facoltativo aderire o no, il sistema rileva temporaneamente i soli contorni biometrici del volto utilizzati per il riconoscimento del passeggero.

Dobbiamo scuoterci, perché alla fine è la nostra accettazione che permette ogni giorno al Governo di acquisire più potere di controllo in svariati modi. Il sistema socio-economico è sempre stato gestito dai soliti personaggi, ma almeno in passato vigeva una certa etica.

Come abbiamo visto prima, in base a calcoli matematici, i quantitativi di denaro vanno diminuendo. Quando non ci sarà più denaro in circolazione, cosa verranno a prendervi? Pignoreranno le vostre case, confischeranno le aziende, esproprieranno i terreni, insomma, vi toglieranno tutti i beni di cui disponete e il teatrino predisposto dalle banche con la complicità e la collusione dalla Magistratura o l'Inquisizione Cattolica Apostolica Romana ossia la grande truffa.

In questo sistema occulto di potere piramidale, i cani da guardia sono coloro che ci stanno a fianco, i vicini di casa, il parente, il familiare, l'amico... ebbene sono i peggiori, perché ignoranti e inconsapevoli, paghi di essere schiavi e impegnati a mantenere nella tirannia anche gli altri, in un sistema che tende più alla competizione, che alla collaborazione.

Esistono realtà particolari come il **Tribunale Popolare in Sardegna**, i cui collaboratori infondono in chi si rivolge a loro per un sostegno legale energia e fiducia, cercando di contrastare il sistema. Si contrappone a ogni illecito perpetrato verso qualsiasi individuo su cui il diritto positivo non ha alcuna giurisdizione, opponendosi ai soprusi, alle ingiustizie, gli abusi di potere.

In nome e per conto del popolo e per effetto diretto emana sentenze irreversibili nei confronti di avvocati, giudici, magistrati, enti e organi di Stato, istituzioni, forze dell'ordine, società assicurative, banche e nei confronti di chi deve far rispettare i diritti internazionali e universali. Il tribunale popolare si colloca sopra le parti, è autonomo con potere assoluto, è presente laddove la legge naturale e internazionale non viene applicata o interpretata a discapito o vantaggio di qualcuno.

"Tutti gli esseri umani nascono liberi ed eguali in dignità e diritti. Essi sono dotati di ragione e di coscienza e devono agire gli uni verso gli altri in spirito di fratellanza".

(Art.1 della "Dichiarazione Universale Diritti Umani" ratificata dallo Stato Italiano con legge 881/77).

La Costituzione italiana recita all'art. XVIII delle disposizioni transitorie e finali che "deve essere fedelmente osservata come legge fondamentale della Repubblica da tutti i cittadini e dagli organi dello Stato".

Il Diritto naturale è preminente rispetto a qualsiasi altro settore del Diritto, che a sua volta è soggetto a ratifica per essere applicato.

In Italia i processi sono divisi in tre parti:

→La prima è quella **commerciale** (primo grado di giudizio);

→La seconda è svolta nell'ambito del **Diritto dell'Ammiragliato**[6] (secondo grado);

→La terza riguarda la **Cassazione** (terzo grado) dove il giudice addirittura si manifesta a livello esoterico. Stiamo parlando proprio di magia nera, difatti cambia anche l'abito, che non è più nero ma rosso e detiene addirittura potere di vita o di morte sull'individuo. Il terzo grado, infatti, è l'ultimo giudizio divino, un vero e proprio culto religioso, si parla ad esempio di Rito Abbreviato, Rito Ordinario, etc. in Cassazione. Nel terzo grado i Giudici sono Sommi Pontefici con i loro Abiti Massonici esoterici i simbolismi della massoneria e a questo punto comprendiamo che è molto importante la parte energetica. Non esiste solo una parte fisica, non quella alla quale siamo abituati a credere.

---

[6] *La legge dell'ammiragliato o il diritto marittimo è un insieme di leggi che disciplina le questioni nautiche e le controversie marittime private. Il diritto dell'ammiragliato consiste sia nel diritto interno sulle attività marittime, sia nel diritto internazionale privato e disciplina i rapporti tra soggetti privati che operano o utilizzano navi oceaniche.*

Anche Gesù Cristo non fu giudicato né dal sommo sacerdote Caifa (il quale dopo l'interrogatorio lo consegnò a Pilato), né da Ponzio Pilato (che esercitò la carica di Prefetto Capo del Sistema Giudiziario della Provincia Romana di Giudea dal 26 al 36 d.C.) che se ne lavò le mani e la crocifissione di Cristo fu rimessa al verbo del Popolo.

La funzione del tribunale popolare ha un solo grado di giudizio, il popolo si esprime ed è irrevocabile, perché il verdetto è prima di tutto una sentenza energetica. Quando si esprime il popolo, parla Dio, alla pari del terzo grado di giudizio del giudice, tuttavia ha più potere perché è il rappresentante di Dio in terra. È l'essere umano, è l'uomo, la principale fonte che arriva dal Divino, non la maschera del giudice, né l'abito talare. Chiaramente la gente o l'impiegato pubblico sorride se spiegate questi concetti, poiché li ignora. Gli appartenenti a Logge Massoniche conoscono il potere di un tribunale popolare. Il consenso è stato accordato da noi, perché non siamo più capaci di rapportarci come uomini e donne viventi, non riusciamo più a redigere un contratto da esseri umani con una stretta di mano. Con un pezzo di carta va bene ma scritto da uomini, non da Soggetti Giuridici, un accordo tra esseri umani non comporta marche da bollo, né carte bollate, né pagamento di tasse o registrazione.

# 7

# L'ATTO DI NASCITA

Il nostro certificato di nascita equivale a un titolo obbligazionario, da un valore a ciascun individuo. Quando veniamo al mondo sul nostro documento d'identità, oltre ai dati di nascita e residenza, sono indicati la statura, il colore degli occhi e dei capelli, i segni particolari. Come una tabella. Nascendo diventiamo un Bene in Garanzia.

Lo Stato Corporation-Italia (ma gli altri non sono da meno) crea ex nihlo, tramite l'atto di nascita due status che corrispondono ad una serie di menzogne: SOGGETTO GIURIDICO e persona Fisica. Nell'atto di nascita è indicato il padre naturale con il termine di 'dichiarante', asportando in tal modo il rapporto famigliare; la madre viene espressa con un moto da luogo "da" ed è nominata 'puerpera', anche lei senza vincolo famigliare con il neonato menzionato con i soli nomi propri. Dettaglio non trascurabile che conferma l'assenza di relazione con i genitori.

Leggendo il "legalese" di questo documento si evince che il dichiarante (brava persona) ha recuperato un bimbo "trovatello" che nel frattempo viene accudito da sua moglie (altra brava persona) e come si fa per gli oggetti smarriti lo consegnano alla pubblica amministrazione che se ne assume l'incarico (in altre parole se ne appropria) tramite l'ostetrica che ne controlla la vitalità e l'ufficiale medico che accerta lo stato di salute, registrando data e ora dell'avvenuta consegna. Interessante anche la grafia dei nomi degli attori coinvolti:

Dichiarante: MAIUSCOLO
Da: MAIUSCOLO
Neonato: MAIUSCOLO
Ostetrica: Alternato
Ufficiale medico: Alternato.

L'unico motivo possibile che spieghi l'utilizzo di diverse forme di scrittura dei nomi è la Deminutio Capitis[7], da cui si comprende che le prime tre figure sottostanno alla deminutio capitis maxima, in pratica sono schiavi senza diritti, mentre le altre due figure godono della momentanea attribuzione di personalità giuridica, in quanto esercitano le veci dello Stato Corporation.

---

[7] *Perdita di alcuni diritti civili, riduzione della personalità giuridica, perdita di prestigio e autorità.*

Le due figure in qualità di personalità giuridica non sono imputabili in quanto superiori al Diritto Positivo, avendo lo stesso rango dello Stato stesso che è l'origine e il detentore del potere attribuito alla legge da esso stesso generata. Ergo: la qualità di personalità giuridica è superiore alla legge in vigore della Corporation Repubblica Italiana! È negato con evidenza il vincolo di sangue della famiglia, che impedisce l'applicazione dello ius sanguinis e il riconoscimento della cittadinanza. In conclusione il neonato è apolide!

Tutto ciò è contenuto in un "box", struttura legale indicata da una bordatura intorno allo scritto, che ne sigilla il contenuto. L'atto di nascita a tutti gli effetti è un contratto, ma è da considerarsi nullo per un motivo fondamentale: le figure famigliari in esso contenute sono indicate in modo erroneo, non corrispondono a verità.

L'applicazione della deminutio capitis è irregolare e non accettabile. Ogni consenso ottenuto senza fornire ai genitori una spiegazione dettagliata dei suddetti particolari rende il contratto nullo fin da principio a causa di vizi occulti. L'incompatibilità tra la negazione dello ius sanguinis e l'attribuzione della cittadinanza al neonato, è palesemente inaccettabile.

Conclusione: con l'atto di nascita viene creato, usando arbitrariamente e artificiosamente il nome del neonato, il SOGGETTO GIURIDICO, essendo tale contratto nullo ab origine, ogni successivo abuso di tale status creato ens legis è arbitrario, coercitivo, illegale e teso all'oppressione dell'individuo.

In ospedale l'attestazione di nascita viene rilasciata dal personale sanitario che ha assistito al parto, indicando sul documento: nome e cognome della madre, sesso del neonato, orario e luogo del parto, ma non viene indicato né il nome né il cognome del bambino!

Si produce un atto per certificare la nascita priva di generalità, per non avere provenienza familiare. C'è un motivo ben preciso per cui non sono specificate: il bambino non deve esistere. Non deve esistere come persona umana e soprattutto deve diventare un oggetto, un bene da inserire in un Trust commerciale. Iniziate a comprendere come nei livelli alti del sistema, fatto di Stati, banche, alta finanza, multinazionali, tutto si muove attraverso l'istituto del Trust[8].

---

[8] *Rapporto giuridico nel quale una persona amministra dei beni sui quali ha il controllo, per conto di terzi, che ne sono beneficiari.*

L'attestazione di nascita originale si trasmette entro un paio di giorni al massimo direttamente dalla direzione dell'Ospedale alla Prefettura che a sua volta la inoltra alla Procura della Repubblica. Questo documento è redatto da un ufficiale di stato civile ad acta[9]. Ed è il primo certificato stilato dopo la nascita, dopo il taglio del cordone ombelicale.

Il documento si elabora immediatamente, perché lo Stato non deve perdere tempo, non può permettersi il rischio che il bambino si perda (in sede di Diritto Marittimo, chi trova un bene incustodito ne diventa legittimo proprietario). Questo è il solo e unico certificato valido ai fini della successiva trascrizione nel registro degli atti di nascita.

Il cosiddetto atto di nascita o certificato di nascita eseguito in Comune non può essere registrato privo della suddetta certificazione ospedaliera. Riassumendo, nell'attestazione di nascita:

1) Non è specificato il nome del bambino;
2) Non è specificata la paternità.

---

[9] *'Per gli atti'; nella loc. 'commissario ad acta' per designare il funzionario pubblico incaricato di portare a compimento atti amministrativi o burocratici che spettano ad altri funzionari.*

**Attenzione**: affinché si possa definire giuridicamente una nuova vita, c'è l'assoluta necessità che possa essere identificata l'unione fra un gamete maschile e uno femminile, cioè uno spermatozoo e un ovocita. Non stiamo parlando di una definizione medica, ricordiamoci sempre che ragioniamo in ambito giuridico, quindi, nella suddetta attestazione il gamete maschile è volutamente non specificato, per cui ne consegue che questo NON è il certificato di un NATO VIVO. In pratica non è il certificato di un Vivente! Mancano le premesse giuridiche per definirlo tale. Di conseguenza, non essendo considerato una persona umana vivente, può diventare un oggetto, un bene acquisito dallo Stato, fatto suo attraverso l'istituzione di un Trust.

**3) La madre è definita solo Puerpera**
Non è riportato neanche madre, bensì NATO dalla puerpera, che è un termine tecnico, creato giuridicamente per dare alla donna la possibilità entro quaranta giorni dal parto di riconoscere o no il bambino. Se non volesse farlo, potrebbe mantenere l'anonimato e abbandonarlo. Puerpera letteralmente significa donna che ha appena partorito, ma non madre con potestà genitoriale.

Dobbiamo riappropriarci della gestione di quest'oggetto giuridico, comprendere che sia una grande frode non è sufficiente.

Quando il bambino viene alla luce, nasce (nato deriva da natante). Tutto deriva dal diritto dell'ammiragliato, la nave nasce nel porto, il giorno prima non c'era e il giorno dopo compare. Nell'atto di nascita appaiono i testimoni, il bambino viene fuori dalle acque materne per cui è considerato una nave che arriva in porto, sulla base di parametri fisici stabiliti dall' Indice di Apgar[10].

Si assegna un punteggio al nascituro che sarà utile per dare valore al bond l'equivalente delle nostre obbligazioni, titoli del debito di una nazione finanziata in cambio di un interesse, come i BOT e BTP. Chi acquista un'obbligazione compra parte del debito di una società o di uno Stato e ne diventa creditore. Emettendo bond si recupera liquidità. Un nascituro vale circa due milioni di dollari che poi aumenteranno con le specializzazioni acquisite nel corso della vita, come diplomi, lauree, specializzazioni.

Riguardo all'atto di nascita, sappiamo che non sono riportati i nomi e cognomi dei genitori, ma le diciture puerpera e dichiarante.

---

[10] *L'indice di Apgar prende il nome da Virginia Apgar, un'anestesista statunitense che lo creò nel 1952 e deriva da alcuni controlli effettuati subito dopo il parto con lo scopo di valutare l'adattamento del neonato alla vita extrauterina, cioè la vitalità e l'efficienza delle funzioni vitali primarie. Si basa su cinque parametri di base cui si assegna un punteggio da zero a due; il valore massimo dell'indice è quindi 10.*

Si evidenzia così la mancanza di una dichiarazione di nascita e proprietà con linea di sangue materna e paterna nei confronti del figlio. Ecco perché oggi lo Stato senza tanti problemi può permettersi di portar via i figli dalle famiglie, tutto per via di quest'inganno risalente al momento della nascita. Come mai nessuno legge, né si è mai chiesto il perché di quella firma? Si firma e basta senza analizzare i dettagli, come se fosse un qualunque contratto, figurarsi per un certificato che generalmente si è sempre redatto in tal modo.

Nemmeno l'addetto al Comune conosce il vero significato dell'atto di nascita. Il punto sta nel riprendere la proprietà di quel bene, perché un bimbo è considerato un bene! Siamo calcolati alla stregua di merce, infatti, per viaggiare abbiamo bisogno di un passaporto, l'equivalente di una lettera di carico, siamo merce in viaggio. Come uomini non dovremmo avere necessità di un documento invece essendo merci proprietà dello Stato ne abbiamo bisogno.

# 8

# L'ATTESTATO DI NASCITA

L'attestato di nascita arriva all'anagrafe comunale prima dell'atto di nascita quindi si rileva un'attestazione che giunge dall'ASL. Si tratta di una dichiarazione di nascita che comunque è riferita alla proprietà di chi trova il bene, in questo caso l'ostetrica, ma si parla ancora di Bambino Vivente (ed è l'unico momento in cui siamo Creditori).

Questa premessa per spiegarvi che in Comune nascerà un SOGGETTO GIURIDICO diventando Debitore e Proprietà dello Stato, in quanto verrà a mancare una rivendicazione di proprietà recidendo così la linea di sangue. Questo perché la bolla di Papa Bonifacio VIII dichiarò tutti i beni ricomparsi dal diluvio universale rivendicati e di proprietà della Chiesa Cattolica Apostolica Romana fino a quando l'umanità non si fosse risvegliata dalla condizione di dispersi in mare. In conformità a ciò, tutto è regolato dal diritto dell'ammiragliato, uffici giudiziari compresi.

Lo Stato detiene il copyright sul nostro NOME e COGNOME, se noi continuiamo a usarli stiamo facendo il loro gioco, ci hanno costretto a pensare che senza quel nome e cognome non possiamo vivere.

Il certificato di nascita è un raggiro in cui hanno spezzato il diritto di sangue dei nostri genitori che non compaiono come tali nei documenti. Nel certificato di nascita non esistono i termine padre e madre, bensì Puerpera e Dichiarante, siamo trovatelli, figli di NN[11] secondo il Diritto Marittimo che deriva dalla Bibbia e dal diritto Canonico. Un figlio di NN appartiene a chi lo trova, quindi l'ufficiale dello stato civile che redige il certificato di nascita per conto dello Stato fa sì che i bambini diventino sua proprietà.

Di seguito la lista con i quattro modi con cui si possono scrivere nome e cognome:

1. mirko di bella
2. MIRKO DI BELLA
3. Mirko DI BELLA (persona fisica Debitrice)
4. Mirko Di Bella (persona fisica Creditrice)

Tre sono legali o per meglio dire legalesi, il primo, quello tutto in **minuscolo** invece non è contemplato da nessuna parte ed è l'unico vero modo di scrivere e definire l'uomo vivente. Il secondo, tutto in **maiuscolo** definisce il SOGGETTO GIURIDICO (Debitore dalla Nascita) lo troviamo in tutti gli incartamenti come bollette, contratti telefonici, ecc... tutte le cosiddette carte morte.

---

[11] *Dal latino Nescio Nomen (non conosco il nome), di paternità ignota.*

Controllando i vostri documenti, carta d'identità, patente, codice fiscale, tessera sanitaria, passaporto ecc. noterete che il vostro nome e cognome è scritto tutto in **maiuscolo.** Nell'antica Roma, era quella la posizione del cittadino Romano o dell'Impero romano che da individuo libero cadeva in schiavitù. A quel punto il suo nome veniva scritto tutto in maiuscolo, e diventava schiavo quando non pagava un debito, anche nei confronti di un altro privato. Con i caratteri minuscoli erano invece censiti soltanto i personaggi delle élite o comunque famiglie di alto rango.

La stessa cosa è riscontrabile in tutte le lettere che vi giungono da banche, Equitalia, enti, le utenze e tutto ciò che riguarda tutte le vostre operazioni socio-economiche a parte il penale perché in quel caso sarete chiamati come Persona FISICA, quindi con il nome alternato il cognome tutto in maiuscolo. Si fa riferimento al vostro SOGGETTO GIURIDICO sempre espresso in lettere maiuscole.

È importante comprendere come questa entità astratta sia stata creata dallo Stato, ogni volta che v'identificate con essa, date il consenso di applicare le normative del diritto positivo. Appena consegnate il vostro documento di riconoscimento nelle mani di un ufficiale che rappresenta lo stato, fornite il vostro consenso ad agire sul beneficiario che è rappresentato dal vostro SOGGETTO GIURIDICO scritto tutto in maiuscolo.

Sussistono due soggetti come persona fisica, creditore o debitore. Considerate che per essere corretti, il nome deve sempre essere anteposto al cognome –articolo 6 del codice civile– in realtà a volte è invertito, soprattutto negli atti giudiziari, dove la persona giuridica è identificata esclusivamente dagli addetti ai lavori, quindi avvocati, magistrati o comunque addetti al comparto Giustizia. Tale procedura vi permette di annullare tutti gli atti giudiziari che vanno contro la loro stessa legge. Il terzo in lista (vedi sopra) identifica la persona fisica debitrice, col cognome in maiuscolo e il quarto la persona fisica creditrice con le iniziali in maiuscolo del nome e cognome, anche alternati, anteponendo il cognome al nome.

Se andate in banca a chiedere l'accensione di un conto corrente o l'apertura di un mutuo, utilizzeranno sempre il SOGGETTO GIURIDICO del quale voi siete il bene in garanzia, in altre parole, la vostra energia serve a coprire la creazione del denaro, perché **VOI** siete il vero valore. Quando andate a firmare un contratto di mutuo, di prestito, in realtà state autorizzando il prelievo di una parte di quelli che sono denari legati al vostro SOGGETTO GIURIDICO di cui però voi siete bene in garanzia.

In tribunale siete chiamati come debitori, nome e cognome tutto in maiuscolo, —peccatore uguale debitore, peccato originale o debito all'origine, derivante dalla Bibbia che si trasforma nelle aule di tribunale in Inquisizione; la vostra presentazione come attori convenuti e nella posizione di debitori o cattivi amministratori. Quando siete interpellati dal giudice, v'identificate nel nome e cognome –di loro proprietà– in questo momento confermate lo scambio di ruoli, da beneficiari diventate amministratori e il giudice da amministratore beneficiario, pertanto agisce nei vostri confronti, emette la pena (come la penitenza derivante dalla confessione dei peccati col prete) di conseguenza siete amministrati o meglio condannati a livello amministrativo o penale e il giudice può avviare il procedimento nei vostri confronti. Se lo facesse un attimo prima, condannerebbe se stesso perché emetterebbe una sentenza nel momento in cui lui è amministratore; così facendo dovrebbe pagare lui per quella pena. Senza il vostro consenso non può procedere.

Infine c'è il creditore (persona fisica creditrice) ma chi si presenta in aula come creditore sta ancora all'interno del gioco. Presentandosi come Uomo non viene riconosciuto e dipende se e come intendete affrontare la situazione giuridica, essendo consapevoli che questa figura all'interno del gioco non è contemplata.

Sull'estratto di ruolo dell'Agenzia delle Entrate, ciascuno di noi è registrato come **DITTA**, tra l'altro come ditta in fallimento, dobbiamo rendere conto allo Stato Italiano riguardo al nostro nome e cognome scritto in caratteri maiuscoli.

Come spiegavo prima, negli anni '30 lo Stato Italiano subì una trasformazione diventando una Corporation, come altre nazioni è andato in fallimento, tutto ciò che si trova al suo interno è rovinoso e si riflette nei nascituri. Ecco perché si dice che abbiamo un debito all'origine che poi è un debito karmico, e la bolla papale di Bonifacio VIII è una maledizione nei confronti dell'umanità, accettata per silenzio assenso. Il punto chiave derivante dal Diritto Canonico che si rifà alla Bibbia, è intrappolare l'essere umano in schiavitù non potendo agire direttamente sullo stesso, proprio per evitare di pagarne il karma.

Questa situazione machiavellica è all'origine del nostro debito, della condizione di peccatori e quindi debitori a vita, studiata con tali escamotage ignorati dagli stessi amministratori comunali. Infatti, se provate a chiedere la natura di certi termini, non sono in grado di rispondere.

Quindi veniamo al mondo come figli di NN e in quanto tali se ne assume la proprietà chi ci trova, perché il bene che viene rinvenuto in mare (chi ha la patente nautica lo sa) è di chi lo recupera e in questo caso chi ci scova al momento della nascita è l'apparato dello Stato, a sua volta rappresentato e successivamente dai genitori che confermano la nascita ai funzionari del Comune.

# 9

# SONO UN LEGALE RAPPRESENTANTE

Spiegherò cosa significa questo termine e mi auguro che quanto esporrò sia utile e comprensibile. I concetti che leggerete sono molto importanti per la vita di ognuno di noi, vi renderete conto che le conoscenze sulla posizione giuridica rispetto allo Stato, sono del tutto errate e frutto di un inganno. Esaminerò un insieme di fatti sotto l'aspetto giuridico ben precisi che cambieranno la vostra visione della realtà e vi renderete conto di vivere come in un sogno... o un incubo.

Ciò che sapete non corrisponde a verità, credo resterete sorpresi da alcune affermazioni evidenziate in questo pamphlet; ho approfondito le mie conoscenze al riguardo nel corso degli anni, documentandomi in ambito giuridico e tenendomi informato. Partiamo dal presupposto che la nostra vita è in scacco, siamo sotto ricatto da un sistema che dispone della nostra esistenza.

I diritti inalienabili che dovremmo possedere come persone umane non sono in alcun modo rispettati, non esiste lo Stato, non esiste la Repubblica, esiste soltanto un complesso gioco di prestigio. La cosa importante è cominciare a capire dove sta il trucco. Soltanto se lo vorrete – e questo dipenderà solo da voi – è vitale iniziare ad agire, altrimenti sappiate che qualsiasi rimostranza o atto teso a sancire e far rispettare i vostri diritti, con gli strumenti a disposizione dei cosiddetti cittadini, cadrà nel vuoto. Una delle prime cose che dobbiamo cambiare è procedere senza un secondo fine.

Esaminiamo quali sono, sul piano giuridico, le premesse che in questo momento vi assillano per i vostri figli. Ad esempio, lo Stato ha stabilito che devono essere vaccinati. Non dovrebbe esserci nulla di obbligatorio però, gli unici a poter decidere dovrebbero essere soltanto i genitori, invece lo Stato è legittimato a farlo, ne ha facoltà per un motivo molto semplice. Voi non sapete chi siete.

Non sapete che secondo la legge in realtà voi non esistete. Non siete persone e quindi non avete alcun diritto, pensate di averne, ma nel momento in cui dovreste riuscire a farli valere cade tutto nel vuoto. Come abbiamo già visto: Quest'inganno ha origine al momento della nascita.

"A volte l'uomo inciampa nella verità, ma nella maggior parte dei casi, si rialza e continua per la sua strada".

~ Winston Churchill~

Si nasce (atto di nascita e creazione del Trust). Nel momento in cui i genitori, in genere il padre, vanno a denunciare la nascita presso l'ufficio Anagrafe/Stato Civile, accade qualcosa a loro insaputa: viene creato un nome a caratteri maiuscoli menzionato come "uomo di paglia" o "finzione giuridica" o tecnicamente definito SOGGETTO GIURIDICO.

Si crea una finzione giuridica con una caratteristica ben precisa: il nome scritto tutto in maiuscolo. Il bambino, che crescerà e diventerà adulto, quale potere avrà sul suo stesso SOGGETTO GIURIDICO? Nessuno! È la Finzione Giuridica che avrà potere su di lui.

Partiamo dall'atto di nascita, ma teniamo presente anche un altro importantissimo elemento: lo Stato Italiano non è uno stato di diritto pubblico, bensì di diritto privato, è una società privata, una Corporation. Come del resto quasi tutti gli altri Stati del mondo.

Lo Stato Corporation Italia crea ex nihlo, ens legis, tramite l'atto di nascita, due status, che corrispondono a due figure ben precise sulle quali si baseranno tutti i futuri rapporti tra lo Stato e la Persona[12] . Tali figure sono SOGGETTO GIURIDICO e Persona Fisica.

Comprendiamo ora come in realtà siano create due finzioni giuridiche, la prima scritta tutta in maiuscolo e la seconda in alternato (come sopra) nome con la prima lettera maiuscola e cognome tutto maiuscolo. La Persona Fisica è la finzione giuridica chiamata in giudizio in tribunale e che risponde per il SOGGETTO GIURIDICO.

Il neonato diventa SOGGETTO GIURIDICO (cioè una finzione giuridica) il cui ruolo fondamentale è di essere debitore inestinguibile nei confronti dello Stato Corporation (proprietario e disponente del Trust del bimbo) in cui è stato anagraficamente inserito. Il motivo per cui viene creata la finzione giuridica è riconoscere che la persona di riferimento secondo la legge si trovi in una condizione debitoria a vita, in modo legittimo, restando in tale posizione debitoria finché non comincia ad agire, diventando egli stesso l'amministratore di queste finzioni.

---

[12] *Intendendo per persona l'essere umano in carne e ossa.*

Tengo a precisare che il debito è inestinguibile, non pensiate che magari a fronte di un grande esborso economico sia possibile liberarsi da questa condizione. Per fare un paragone, vi basti pensare al debito pubblico che contrariamente a quanto affermano alcuni, non finirà mai, anzi aumenterà sempre nel tempo, essendo anch'esso un'altra finzione basato su una moneta a debito creata dal nulla.

Tornando a noi, abbiamo compreso che fin dalla nascita siamo debitori nei confronti di uno Stato – ente privato – che per definizione è sempre creditore poiché dotato di personalità giuridica che le nostre due finzioni non avranno mai.

È comprensibile come i due soggetti siano posti su un piano nettamente differente, uno superiore e l'altro inferiore. Molti di voi, in possesso di queste informazioni, sarebbero già intenzionati ad andare in piazza, organizzare una raccolta firme, una manifestazione di protesta o non so cos'altro. Benissimo, sarebbe soltanto un modo per passare una giornata diversa dal solito, niente di più. Sul piano giuridico non servirebbe a niente.

Ricapitolando, il padre ha trovato un bimbo, un trovatello, che nel frattempo viene accudito da sua moglie in ospedale e come si fa per gli oggetti smarriti lo consegna alla pubblica amministrazione.

Si reca all'anagrafe per la registrazione, ma senza saperlo sta consegnando un bene, la pubblica amministrazione se ne appropria tramite il certificato dell'ostetrica, che ne controlla la vitalità, e dell'ufficiale medico che controlla lo stato di salute, rilasciando l'attestazione di nascita, compilata per l'appunto in ospedale. È questo documento a informare il Comune circa la nascita del bimbo in cui registra data e ora dell'avvenuta consegna. Inizia la procedura di creazione del **Trust**.

Lo Stato istituisce un living Trust di sua proprietà di cui è l'unico disponente sul bambino (in poche parole ne prende possesso e i genitori rimangono in parte amministratori). È come se affermasse: da questo momento il bambino mi appartiene, ti conferisco l'incarico di nutrirlo, vestirlo, vaccinarlo quando te lo dirò e se non lo fai essendo una mia proprietà ne pagherai le conseguenze. È evidente che un neonato non può negare il consenso a questa pratica giuridica, la stessa cosa vale per il padre e per la madre, in quanto inconsapevoli di tutto ciò. Prendiamo in considerazione la questione migranti: quando sbarcano in Italia lo Stato deve assicurare tutto il necessario che sia compatibile alla vita quotidiana, dal vestiario, al vitto, all'alloggio, al telefono, all'assistenza sanitaria, unitamente al pocket money che varia da Comune a Comune.

Il costo relativo all'accoglienza dei richiedenti asilo in Italia mediamente è di circa €35,00 al giorno per gli adulti e €45,00 per i minori, nell'ambito del sistema di protezione gestito dagli enti locali (Sprar). Il sistema Sprar è finanziato dal Viminale, che ottiene le risorse dal Fondo Nazionale per le Politiche e i Servizi dell'asilo, assegnando agli enti locali e non ai migranti i fondi secondo una valutazione effettuata per stabilire le spese di mantenimento.

Quando i posti Sprar non sono sufficienti, come accade regolarmente, entra in gioco il sistema di accoglienza straordinaria gestito dalle prefetture, con costi simili. I posti letto vengono recuperati grazie a cooperative, albergatori o privati, com'è ovvio essendo il costo massimo dell'accoglienza pari a €35,00 al giorno, a persona, non si tratta di strutture lussuose ma sono più che sufficienti a garantire una vita dignitosa completa di ogni comfort, seppur basico.

Il diritto internazionale è uno strumento valido per assicurare un ricorso efficace contro le violazioni dei diritti umani dei migranti ed è superiore al diritto positivo (o ordinamento giuridico), disciplinato dalle norme vigenti dello Stato.

In base all' Art. 10 della Costituzione, "L'ordinamento giuridico italiano si conforma alle norme del diritto internazionale generalmente riconosciute.

La condizione giuridica dello straniero è regolata dalla legge in conformità delle norme e dei trattati internazionali. Lo straniero, al quale sia impedito nel suo paese l'effettivo esercizio delle libertà democratiche garantite dalla Costituzione italiana, ha diritto d'asilo nel territorio della Repubblica, secondo le condizioni stabilite dalla legge. Non è ammessa l'estradizione dello straniero per reati politici".

Ai migranti si cerca di assegnare prima possibile la cittadinanza, grazie anche al principio dell'eventuale Ius Soli[13]. Una volta resi cittadini, cominciano i doveri da debitori. Il secondo step è creare nuovi abitanti totalmente inconsapevoli di essere diventati neo - schiavi. Dietro tutto ciò non esiste alcun motivo umanitario.

Spostare intere popolazioni in massa da un continente all'altro, dotarli di cittadinanza fino a renderli numericamente superiori ai residenti, a mio avviso è una strategia fallimentare. Perché se un cittadino italiano privo di mezzi economici va a dormire sotto un ponte, non riceve lo stesso trattamento di un richiedente asilo?

---

[13] *Espressione giuridica che indica l'acquisizione della cittadinanza di un dato paese come conseguenza del fatto giuridico di essere nati sul suo territorio, indipendentemente dalla cittadinanza dei genitori.*

La risposta è che per lo Stato non esiste, è privo di diritti, consiste in una finzione giuridica, vale zero, a dispetto dei migranti, soggetti di Diritto Internazionale. Quando eseguiamo le procedure per acquisire la sovranità individuale o la legale rappresentanza diventiamo Soggetti di Diritto Internazionale, non siamo più cittadini italiani, quindi non useremo più la carta d'identità. Non pensiate che i legali rappresentanti abbiano delle limitazioni, ad es. possono viaggiare ovunque essendo assimilabili ad un corpo diplomatico. Ottenendo la Legale Rappresentanza, creando il Trust, tutto ciò che riguarda la Persona Umana, i suoi diritti, la sua attività (società, esercizio commerciale, libera professione ecc.) i beni mobili e immobili, sono gestiti dal Legale Rappresentante sotto amministrazione fiduciaria, di cui vengono informati tutti gli enti dello Stato. A oggi in Italia ci sono circa 15.000 Legali Rappresentanti. La Legale Rappresentanza viene protocollata, oltre che nel Comune di Residenza, anche presso la Procura della Repubblica (tribunale) e la Prefettura tramite la procedura di Apostillazione[14], quindi diventa un atto pubblico con valore giuridico probatorio di tipo internazionale, un documento convalidato e autenticato che ne attesta la veridicità.

---

[14] *L'apostille è una certificazione che convalida, con pieno valore giuridico, sul piano internazionale l'autenticità di qualsiasi atto pubblico, e in particolare di un atto notarile. La nuova posizione giuridica che viene a determinarsi, permette al Legale Rappresentante, nel caso in cui vi siano interventi forzosi, da parte dello Stato nei suoi confronti (ad esempio l'azione di un Ufficiale Giudiziario), la possibilità di notificare una diffida, atta ad interrompere l'iter procedurale in corso, onde evitare una denuncia internazionale per violazione dei diritti umani.*

È stato così creato un Living Trust, che comprende oltre ai soggetti giuridici i loro beni. Da quel momento il Legale Rappresentante amministratore fiduciario di quel Trust non ha più necessità di una residenza, ma di un domicilio elettivo tramite l'utilizzo della PEC per comunicare con i ministeri e i vari enti dello Stato.

È ovvio che lo Stato cercherà di contrastarlo in tutti i modi, un'eventuale diffida comporta sempre, per lo Stato e i suoi funzionari, la premessa a una denuncia in sede internazionale, con responsabilità in solido di tipo penale gravissima. Una denuncia in solido significa che va direttamente alla persona responsabile.

Siete al corrente che il sistema è strutturato in modo tale che, se come semplici cittadini protestate verso qualcuno, non c'è alcun responsabile, difatti le comunicazioni che ricevete sono prive di firma, se non il direttore X, il responsabile Y, perché loro sono enti dotati di personalità giuridica e voi no. Invece con un L.R. la giurisdizione dello Stato e dei suoi enti decade, in quanto correlata a un Trust Internazionale, in pratica, uno Stato Estero. Il legale rappresentante è il console di questo stato.

In tale assetto giuridico un pignoramento da parte dello Stato (come altro esempio potremmo parlare di un obbligo vaccinale) si configura immediatamente come un furto ad un Trust Internazionale di "alto scopo umanitario dichiarato".

Ciò per il funzionario dello Stato che volesse procedere senza tener conto di questo fatto prevederebbe, come già detto, gravissime responsabilità penali che potrebbero anche arrivare fino all'arresto.

Finora non è mai successo, accade però che un L.R. compaia in Tribunale senza avvocato identificandosi come Personalità Giuridica. Alla domanda del giudice:

-Lei è Alberto Rossi?- il L.R. risponderà:
-Io sono l'amministratore del Trust Alberto Rossi-.

L'obiettivo del L.R. è far rispettare le leggi interne dello Stato e intervenire in tutti i casi in cui non sono rispettati i diritti conferiti alla persona umana e previsti dalla giurisprudenza internazionale. E questo purtroppo succede quotidianamente, quindi il suo proposito è regolare le storture legislative.

Un chiarimento riguardante le principali differenze tra SOGGETTO GIURIDICO e Legale Rappresentante è d'obbligo:

➢ Il SOGGETTO GIURIDICO è il semplice Cittadino, tutto il suo potere sta nel delegare altri alla formulazione di decreti, che avranno effetti diretti sulla sua esistenza. Quando vuol far valere i suoi diritti, deve delegare avvocati, notai etc. Questo testimonia la sua totale assenza di potere sul piano giuridico, difatti non ha alcuna capacità legale di agire su atti e contratti. Gli si fa credere che il diritto di voto sia espressione democratica di libertà, ma tutto ciò che seguirà non è sotto il suo controllo. Sarà costretto a subirne gli effetti che vanno spesso nella direzione contraria a quella che ci si aspettava. Tutto ciò trova perfettamente riscontro nella definizione di debitore. Questa è la posizione perfetta del debitore, non può dire o fare nulla, perché sempre in torto, in una perenne posizione di svantaggio. Subisce le disposizioni altrui che egli stesso ha delegato.

> Il Legale Rappresentante dirige, è lui che dispone e guida avendone facoltà giuridica, ha pieni poteri su tutto ciò che concerne la creazione del SOGGETTO GIURIDICO e della Persona Fisica, le due finzioni, a lui riconducibili, che ora sono sotto la sua unica amministrazione. È curatore dell'essere umano e dei suoi diritti sanciti dai Patti Internazionali, non vota e non delega nessuno a richiedere i suoi diritti, perché possiede la facoltà giuridica di eseguirli, dirige le sue azioni nell'interesse individuale avendo però un fine collettivo. Per definizione chi è delegato a far rispettare il credito assoluto dell'essere umano, sempre a credito per il diritto internazionale. È pienamente consapevole di essere in onore e non teme chi cerca di contrastarlo, fa valere la sua personalità giuridica che gli appartiene per diritto naturale, superiore addirittura a quello internazionale, consapevole delle responsabilità che comporta.

Anche lo "Stato" merita un approfondimento. Lo Stato italiano non è uno stato di diritto pubblico, ma privato. È una società privata, un'azienda privata regolarmente iscritta alla Camera di commercio mondiale, tra l'altro straniera, la SEC di Washington. In sostanza potrebbe essere definita la Consob mondiale, che regola tutti gli scambi commerciali a livello mondiale.

Lo Stato Italiano è iscritto con il nome Italy Republic Of. Esattamente come una società privata, ci sono anno per anno, a seconda degli esecutivi, l'elenco di tutti i Presidenti del Consiglio, tutti i ministri, tutte le sedi dei vari enti dello Stato. Ciò permette che l'Italia possa quotare titoli di stato in borsa come una società privata, come una banca ed è ovvio che i titoli derivino dal denaro prodotto da ogni cittadino.

**Attenzione**: questo è il motivo ufficiale, se non fosse strutturata in questo modo, non potrebbe farlo. E tengo a precisare, non dovrebbe essere consentito.

C'è un secondo motivo. Essendo un'azienda, lo scopo primario è fare profitti, trascurando i bisogni e gli interessi dei suoi cittadini. Questa Società-Stato Italia si configura come un vero e proprio Trust, difatti viene chiamata anche Trust Italia, al cui interno troveremo il popolo, tutti i Soggetti Giuridici, tutte le Persone Fisiche, tutte le banche e le aziende. Inoltre avendo svenduto totalmente la sovranità monetaria a un Ente Privato, ovvero la BCE, ha dichiarato palesemente la sua natura privata.

Ciò è confermato anche dal fatto che a seguito di tale manovra ha pure ceduto la sovranità legislativa. Lo Stato italiano legifera ma in realtà, decidono altri e altrove.

I vari tagli alla sanità, alla scuola e molto altro, sono stati imposti da organi esterni e hanno sempre creato gravi disagi al popolo. Uno Stato Pubblico invece, com'è ovvio che sia, per essere tale dovrebbe mantenere la Sovranità Monetaria e la Sovranità Legislativa. Prendiamo una banconota da €50,00: oggi non ha più nessun controvalore, come vi ho spiegato prima, è soltanto carta già dal 1971, con lo stralcio degli accordi di Bretton Woods. In passato il controvalore s'identificava nel corrispettivo in oro depositato all'interno della Banca D'Italia. Oggi la moneta serve soltanto a misurare un valore fittizio, come un metro di misurazione.

Quale valore? Il Valore di ognuno di noi, il valore di ciò che facciamo tutti i giorni, l'operosità, l'ingegno dell'essere umano e le sue creazioni. La moneta serve semplicemente per misurarlo, quindi non rappresenta un valore ma lo strumento che serve a misurarlo. Oggi la banconota è solo carta per di più stampata da una società privata, la BCE (Banca Centrale Europea) che ne produce nelle quantità richieste. Richiedendo un prestito in banca, l'addetto dovrà prendere contatto con la BCE affinché provveda a stampare il denaro al cliente. In realtà pertanto siete voi a dare credito alla banca, che richiede garanzie ben precise prima di concedere il prestito, riguardanti lavoro, reddito, beni posseduti. Siete voi a dare valore e credito affinché possa stampare semplice carta tramite una società privata.

"Ricordiamo che lo Stato, lungi dall'esistere nella realtà delle cose, è un'astrazione priva di testa, braccia e gambe, e che la parola Stato, designa di fatto alcuni individui che reclamano di impersonare quella astrazione (entrano in gioco i nostri cari Politici). La nozione di "Diritti Umani" invece, si basa sul presupposto che la Persona Umana, non può essere ridotta a un mezzo per la realizzazione di superiori finalità dello Stato (o presunte tali) soprattutto quando queste finalità si confondano con l'interesse di una classe sociale dominante, che non esita a ledere i diritti umani, pur di mantenere i propri privilegi d'immunità".

(La tutela dei diritti umani di Laura Pineschi, ordinario della facoltà di Giurispru-denza, Università di Parma).

Ogni cittadino è semplicemente un dipendente di un'azienda privata, senza alcun diritto né potere decisionale. Lo Stato - Corporation Italia (come tutti gli altri stati) crea dal nulla per effetto di legge, tramite l'atto di nascita (o certificato di nascita) due status, come abbiamo compreso sono due Finzioni Giuridiche, il SOGGETTO GIURIDICO e la Persona Fisica.

Il neonato diventa SOGGETTO GIURIDICO il cui ruolo fondamentale è quello di essere debitore in modo inestinguibile nei confronti dello Stato Corporation (Proprietario) in cui è stato anagraficamente inserito che diventa un Creditore Inalienabile. Si tratta di un'interpretazione giuridica relativa a un fatto che si ripete da sempre. Un dichiarante ha trovato un bimbo che nel frattempo viene accudito da sua moglie, e come si fa per gli oggetti smarriti, lo consegna alla pubblica amministrazione. In questo esatto momento, cioè all'atto della registrazione all'anagrafe, viene creata la cittadinanza in modo del tutto arbitrario, viste le premesse fatte fin d'ora.

Contemporaneamente alla nascita, sempre per effetto di legge, all'essere umano libero viene affiancato un altro stato giuridico, la Persona Fisica, avente capacità giuridica solo in ambito penale e in caso di giudizio e che acquisirà capacità di agire al compimento del diciottesimo anno (pagherà da quel momento tutto quello di cui SOGGETTO GIURIDICO è debitore anche penalmente).

Le omissioni dello Stato Corporation, quindi l'inganno di tutta la procedura, su questo contratto sono più che evidenti, e viste le premesse è palese che non siano casuali, per le conseguenze giuridiche che favoriscono una sola parte.

Con l'atto di nascita viene creato, usando arbitrariamente il nome del neonato, il suo SOGGETTO GIURIDICO. Essendo tale contratto nullo ab origine ogni successivo abuso di tale status è arbitrario, coercitivo, illegale e teso alla schiavizzazione del singolo individuo. Ogni consenso ottenuto senza fornire ai genitori una spiegazione dettagliata dei particolari sopra citati, rende il contratto privo di validità a causa di vizi occulti. Ciononostante da quel momento si è sotto la giurisdizione dello Stato, con la propria parte di debito pubblico e soggetti a tutte le ingiuste imposizioni fiscali che hanno solo il fine di impoverire e opprimere i cittadini.

Tutta la burocrazia che gira nel mondo è legata ai Soggetti Giuridici. Non si può lasciare il singolo a fare sempre la testa d'ariete, perché prova ad arrivare fino a un certo punto, ma poi non può andare avanti. È anche vero che 100 persone indipendenti e sovrane danno più fastidio di una manifestazione di 100.000 persone. Tra l'altro manifestazione – lo dice la parola stessa – festa con le mani, non serve a niente, anzi stai dando energia allo stesso sistema contro cui manifesti.

Molto meglio la disobbedienza, a questo punto non faccio quello che mi viene imposto – non sono un rivoluzionario – ma perché il governo mi sta prendendo in giro, mi ha raggirato da sempre!

I potenti hanno ingannato i popoli da millenni, quelli che hanno crocefisso Gesù Cristo sono gli stessi che oggi sono ai vertici. Dobbiamo unirci, ma in modo diverso dal solito. Basta con le associazioni, non contano, difatti c'è differenza fra i termini **associazione** e **istituto**. Nell'associazione è solo il presidente a contare, mantenendo i contatti con le istituzioni. Non possiamo essere ancora naufraghi col salvagente, dobbiamo prendere una scialuppa –sempre se ci stiamo tutti– e metterci d'accordo, altrimenti saremo in pochi a salvarci. Non sono le associazioni che portano un cambiamento, in Italia ne abbiamo migliaia, con migliaia di iscritti.

Ci stiamo spogliando della nostra autorità, della nostra competenza e stiamo delegando qualcun altro. La stessa cosa che facciamo al seggio quando votiamo un partito politico, votare nel seggio equivale a un voto dei morti difatti si chiama urna, come quella dove ci tumulano quando moriamo. Siamo dei morti e votiamo altrettanti morti, ma loro sono in Onore, definiti Onorevoli (titolo attribuito ai membri del Parlamento, Deputati e Senatori), e la cosa interessante è che non hanno nemmeno obbligo di mandato, in base all'articolo 67[15] della Costituzione Italiana.

---

[15] *Ogni membro del Parlamento rappresenta la Nazione ed esercita le sue funzioni senza vincolo di mandato.*

È come se dicessero: "Guarda che tu mi voti, ma io non ho doveri nei tuoi confronti". Se fanno qualcosa che non rispecchia il nostro volere, possiamo solo lamentarci, perché il contratto lo abbiamo già firmato, accettando la condizione di cittadini e andando a votare.

In un ufficio pubblico l'unico a essere ascoltato è il legale rappresentante dell'associazione, cioè il presidente, quindi è sempre solo uno al comando e siamo sempre noi che tramite delega gli abbiamo conferito i poteri. Anche se l'associazione è costituita da diecimila o centomila persone, non contano nulla. Nell'associazione si riconosce ai cittadini il diritto di associarsi liberamente, sempre sottostando alle regole imposte, per fini che non siano vietati dalla legge penale. L'istituto invece è un ente pubblico o privato organizzato con leggi proprie riguardo a un determinato fine assistenziale, culturale, sociale e commerciale, perlopiù specificato dalla denominazione o intitolazione dell'ente stesso, quindi regolato da leggi proprie. È la popolazione a dar forza a un istituto popolare anche a livello energetico, ma questo è un tema che affronteremo più tardi.

È superfluo organizzare manifestazioni in piazza, 100.000 associazioni con migliaia di persone non contano nulla. Lo Stato deve produrre, è un'azienda, una Spa iscritta dal 1934 al SEC una Corporation con tanto di partita IVA internazionale.

Deve far quadrare i conti, ma questo è uno strumento solo per dominarvi perché di soldi potrebbero produrne in quantità tramite la Banca D'Italia. Ormai non è più possibile, quindi li fanno stampare alla BCE, che manda in rovina la popolazione. È inutile raccontare altre fandonie, discorsi e sproloqui di economia, movimenti e partiti recitano la loro parte in un teatrino e la storia si ripete continuamente, la politica serve soltanto per distrarre le masse.

Occorre trovare soluzioni pratiche per uscire da una siffatta condizione. Prima d'intraprendere un'azione bisogna essere consapevoli e capire qual è e quanto sia profonda la dinamica studiata da menti che di umano hanno ben poco. Per cambiare la nostra condizione non possiamo pensare che sia lo Stato ad aiutarci, in quanto come abbiamo visto essendo una corporazione privata non è tenuto a collocarci in una condizione di benessere.

Non è quello il suo scopo, essendo un'azienda fa i propri interessi, come qualunque altra attività commerciale, deve trarre profitto e lo fa spremendo la popolazione, anche per esercitare il suo controllo nei confronti delle razze, per dominare la popolazione.

Le parole sono fondamentali, la lingua italiana è la lingua del Diritto Romano applicato in quasi tutto il mondo, spesso sono sapientemente utilizzate per confonderci o veicolare un messaggio, ma è importante comprendere che il linguaggio è un mezzo di eversione del sistema. Ad esempio, molto spesso ci inducono a protestare, guidati magari da un esponente di turno, ma come abbiamo visto in diverse occasioni passate, non abbiamo ottenuto nulla. Notate il gioco di parole "Protesta" pro-testa, quindi a favore della testa, cioè di chi comanda. Anche i simboli sono importanti da comprendere, essendo più immediati e facilmente percepibili dal nostro inconscio.

Ecco perché ad esempio il nero è rappresentato nelle toghe dei giudici, dei preti e dei poliziotti, all'origine c'è una massoneria occulta che sfrutta gli esseri umani, ed usa il simbolismo come mezzo di comunicazione. Le previsioni, le profezie, in realtà sono programmazioni, che l'élite pianifica decenni prima, anche le crisi economiche come quelle politiche. Si conoscono a priori i nomi dei presidenti che dovranno sedere nelle poltrone degli Stati più potenti del mondo come la Russia o gli Stati Uniti.

Per la mia conoscenza, il sistema predispone ogni cosa, tuttavia abbiamo il libero arbitrio di cambiare consapevolmente i progetti architettati alle nostre spalle. Purtroppo la massa è addormentata, col suo torpore contribuisce affinché i cambiamenti non vengano attuati.

Non è il pezzo di carta che ci salva dalla schiavitù. La dichiarazione di sovranità o la legale rappresentanza, da sole non servono se non si ha una profonda presa di coscienza. Il sistema ha inventato le maschere, noi ci identifichiamo in queste finzioni che ci disumanizzano, non riusciamo più ad avere un rapporto tra esseri umani. Nel momento in cui ci travestiamo, diventiamo burattini e stiamo osservando la nostra sceneggiata.

Per sottrarsi a tutto ciò è necessario intanto conoscere queste due opportunità, la **sovranità individuale** e l'**autodeterminazione** (Legale Rappresentanza), due facce della stessa medaglia che servono sostanzialmente a ottenere il medesimo risultato: rendersi indipendenti dallo Stato - Italia in modo totalmente legalizzato. La sovranità individuale è un concetto un po' estremo poiché noi ci tiriamo completamente fuori da qualsiasi sistema dichiarandoci sovrani, in possesso cioè di un'autorità che non è soggetta a nessun'altra.

In sintesi, la sovranità è molto più radicale, più rilevante, il sovrano oltre ad uscire dal sistema, non delega nulla a nessuno assumendosi ogni responsabilità. È una strada più facile da intraprendere e i documenti si compilano in modo autonomo. Invece con l'autodeterminazione (Legale Rappresentanza) si rimane in parte dentro il sistema essendo tutelati dal diritto internazionale, con la possibilità di ignorare il diritto positivo se e quando lede i diritti umani.

Con l'autodeterminazione creiamo altre maschere che però sono migliorative rispetto a quella di base fornita alla nascita, su cui vengono attaccate etichette che caratterizzano diverse posizioni nei confronti dello Stato o della Magistratura. Invece il sovrano è qualcuno che dice no – io le maschere non le voglio preferisco andare in giro senza, vivendo da uomo completamente libero. Non ho bisogno di maschere non ho bisogno di interagire con un sistema marcio e criminale, che tra l'altro è stato anche pignorato nel 2012 dall'azione di OPPT (One People Public Trust) – Ignorare avvenimenti di tale importanza è possibile solo perché la realtà viene costantemente manipolata tramite l'informazione. La vicenda purtroppo non è stata appresa, anzi è stata nascosta. E come spesso accade, per celare un evento rilevante, ne inventano, se necessario, uno molto più virale che crei notizia, con lo scopo di distogliere l'attenzione dal problema.

Forse molti di voi ricorderanno che nel 2012 soprattutto su Internet, non si parlava altro che del calendario Maya, della fine del mondo e altre fesserie del genere, un ottimo argomento di distrazione di massa.

Molti sovrani si sono appellati all'azione promossa da OPPT realizzata nel 2012 da un gruppo di avvocati americani, che all'UCC (Uniforms Commercial Code), hanno depositato una serie di documenti per delegittimare l'operato di tutti gli Stati, dimostrando che alcuni riducono in schiavitù gli esseri umani e quindi dovevano essere dichiarati illegittimi. Non esiste nessuno che possa avere autorità su di un sovrano, tranne il diritto naturale.

Noi non viviamo solo in uno stato di diritto, ma anche in uno stato di autorità, quindi per venire incontro al problema è nato un percorso simile alla sovranità, quello dell'autodeterminazione, che si attua attraverso la Legale Rappresentanza. In ottemperanza al DPR 445 del 2000 che prevede di poter autocertificare una serie di dati, possiamo produrre una documentazione ben precisa che avremo cura di far firmare, timbrare e addirittura apostillare nelle giuste sedi, quindi in comune, prefettura, procura ecc. Andremo così a legittimare il nostro volere, ottenendo una solida copertura legale, valida in tutti i paesi aderenti alla Convenzione dell'Aja del 5 ottobre 1961.

Così abbandonando lo status di cittadino, annulliamo il patto sociale iniquo tra noi e lo Stato. Non si è più cittadini italiani pur avendo la nazionalità Italica, come cittadini non abbiamo personalità giuridica, ma solo la capacità giuridica che è un'altra cosa.

Rendersi conto che la nostra vita ci appartiene e possiamo far valere veramente i nostri diritti in totale forza di legge, è qualcosa di molto liberatorio e benefico su più livelli. È un'esperienza che consiglio a tutti, bisogna studiare e documentarsi, il Sapere diventa necessario per arrivare a una consapevolezza al fine di migliorare la nostra condizione. Ho paura di vivere in un mondo dove una società malata e distorta possa operare qualsiasi nefandezza nei confronti della specie umana. Vedere che la nostra unica capacità di reazione consiste nel manifestare in piazza, è deprimente, non serve a nulla, è più utile autodeterminarsi o rivendicare la propria sovranità individuale, così usciamo dal sistema che sgonfiandosi viene depotenziato. Smettiamo di foraggiarlo.

La legge 881 del '77 [16] è la seconda legge più importante dello Stato italiano subito dopo la Costituzione perché è una ratifica di accordi internazionali che acquisisce un valore altissimo nella gerarchia delle fonti. All'articolo 1 afferma che tutti possono autodeterminarsi e possono decidere autonomamente le proprie politiche economiche, sociali, culturali, quindi nessuno è costretto a determinarsi nel concetto di cittadinanza del proprio stato.

Un'altra legge è la L.364 dell'89 che in qualche modo recepisce e regola lo strumento del Trust. I documenti che richiediamo sono previsti dal DPR 445 del 2000, il testo unico sulle autocertificazioni, quindi è tutto legale. Alla fine di questo percorso, si comunica addirittura all'Agenzia delle Entrate che noi operiamo in forma extraterritoriale, siamo organismi no profit che intendiamo proteggere i nostri diritti umani, sia attraverso un'attività con partita IVA, sia nel privato, da dipendente pubblico o impiegato. L'Agenzia delle Entrate ci rilascia un codice fiscale attribuito al nostro ente extraterritoriale che viene così riconosciuto come tale dallo Stato Italia e certificato nero su bianco che possiamo operare totalmente esentasse.

---

[16] *L. 25 ottobre 1977, n. 881: ratifica ed esecuzione del patto internazionale relativo ai diritti economici, sociali e culturali, nonché del patto internazionale relativo ai diritti civili e politici, con protocollo facoltativo, adottati e aperti alla firma a New York rispettivamente il 16 e il 19 dicembre 1966.*

Diventa necessario avere una buona preparazione per rispondere nel modo opportuno a chi può farci delle obiezioni in tal senso, e sicuramente alla fine succederà. Nessuno è contro nessuno, l'intento è semplicemente quello di arrivare ad un sistema giusto, per l'intera comunità, fatto di giustizia, equità e diritti umani. Ci si chiede quale sia il limite che definisce il confine tra un atto lecito e uno illecito.

Siamo assuefatti a un regime autoritario e dobbiamo passare a un sistema anarchico, dove per anarchia non s'intendono caos, disperazione, distruzione ma responsabilità. Deleghiamo la nostra tutela alle forze di polizia, ai magistrati e ai giudici che decidono se abbiamo compiuto un'azione legale o no, invece il paradigma verso cui dobbiamo dirigerci è un altro e consiste nella responsabilità individuale. Forse ci vorrà una fase di transizione per creare delle istituzioni appropriate, ma stavolta sane e incorruttibili, a tale scopo potrebbero nascere altri **Tribunali Popolari** in ogni provincia. Siamo stati educati culturalmente al giudizio di chi riteniamo più in alto vivendo senza implicazioni di sorta, quindi per un certo periodo dovremmo garantire un sistema di questo tipo per evolvere in futuro verso un apparato migliore, più libero, meno formalizzato e stringente anche da un punto di vista burocratico.

# 10

# CONCLUSIONI

Ridurre tutta l'economia a un fatto esclusivamente di formule matematiche, certe o presunte, ci ha indotto a negare le relazioni con gli altri esseri umani. Da sempre leggiamo la storia con la chiave del vincente e i vincitori in economia sono indubbiamente il sistema capitalistico mondiale, il sistema borsistico e la logica dell'accumulazione sfrenata del capitale sul capitale.

L'arricchimento dei soliti happy few non mira soltanto a permettere una vita agiata, ma ad aumentare il potere fino a comprare il pensiero altrui nei luoghi deputati all'istruzione (scuole, università), all'informazione (editori, giornalisti, conduttori, opinion leader), ai personaggi del business, della politica, delle banche. Questo è un modello vincente, non c'è dubbio, e quindi è difficile confutarlo. Io sono dalla parte dei perdenti e dovremmo capire che rendere omaggio al vincitore è stupido, poiché andiamo contro i nostri interessi. Dibattere sulle scelte finanziarie operate in un Paese non servirà a risolvere i nostri problemi, la finanza andrebbe rasa a zero, bisognerebbe tornare a parlare di economia, ma a condizione che rispetti tutti gli esseri umani. I have a dream: un'economia umanistica.

La conclusione di questo discorso è che noi siamo già, senza saperlo, in un'era rivoluzionaria, un vento di cambiamento si sta sollevando. Un proverbio cinese sostiene che quando c'è vento di cambiamento le disposizioni di spirito possibili sono due: lo stolto innalza un muro per proteggersi e il saggio inizia a costruire mulini a vento. Per generare una realtà diversa è necessario un processo di studio e applicazione della conoscenza.

La vita stessa ha bisogno di noi per mettere le cose al loro giusto posto e dare un volto nuovo al mondo che ci ospita. Con sentimenti carichi di dignità spirituale, morale e sociale possiamo dimostrare, a chi ancora non è in grado di comprenderlo, che la vita è letizia. Ogni nuova anima che viene alla luce, merita di essere portatrice sana di verità. Io sono nato nel 1974 e ricordo benissimo gli anni ottanta e novanta, ricordo la conquista della luna di pochi anni prima, i sogni e le speranze che avevamo, il desiderio di un mondo nuovo... purtroppo quei giovani non sono riusciti nell'intento.

Sicuramente avrete sentito parlare delle stragi di Capaci, di Piazza della Loggia, sul treno Italicus, l'uccisione di Carlo Alberto Dalla Chiesa... Abbiamo mai conosciuto la verità su questi e altri terribili avvenimenti?

No. E allo stesso modo nessuno che sta ai vertici del potere permetterà che si sappia su queste e altre vicende, anzi, farà di tutto per contrastare chi con difficoltà arriverà a capire o scoprire come sono andati i fatti. Il sistema spende cifre enormi per impiegare dei venduti a manipolare la testa della gente e creare confusione, lasciandola intimorita, piena di dubbi e interrogativi. Abbiamo iniziato la nostra chiacchierata spiegando come il sistema tenta in tanti modi a dividerci. La vera scissione non è soltanto fra diversi individui o gruppi di persone, si tratta bensì di una divisione interna in ognuno di noi e questa distanza da se stessi è il terreno fertile per ogni forma di autoritarismo. Lo Stato non può fare diversamente, ha difficoltà a gestire l'uomo in una dittatura travestita da democrazia. Ne consegue la famigerata regola: prendi un uomo, mettilo contro se stesso e otterrai un servo, che non saprà nemmeno di esserlo! Per liberare dalla schiavitù le persone, è necessario che si rendano conto di essere tali. Capire che non si è liberi perché ignoriamo chi siamo, è un percorso difficile da seguire.

Il cambiamento provoca sofferenza, ma il dolore è l'unico vero modo che ci permette di evolvere. Credo che ogni nostra trasformazione debba nascere sotto l'impulso dell'etica, altrimenti non ha ragion d'essere e si fonda su un principio di solidarietà, contrapponendosi all'odio.

È prima di tutto un concetto che rimanda al principio di limite e oggi tutto il mainstream va nella direzione opposta, si promuove l'idea di una crescita illimitata, fondata sull'idea di un superuomo sempre vincente. Ogni film che vediamo, ogni programma televisivo, ogni talent show, ci inculca quest'idea così lontana dalla realtà, caratterizzata al contrario da ostacoli e debolezza. Tutto questo concorre ed è funzionale all'obiettivo di allontanarci da noi stessi.

"Diventa ciò che hai appreso di essere" enunciava Pindaro, illustre poeta greco (438 a.C. circa) in una celebre ode. Facciamo nostra questa espressione.

Mirko Di Bella

## Sovranità individuale, Siti Consigliati:

[ giancarlo di tiamat  www.sistemaeconomicosovrano.org ]

[ barbara banco www.noièiosono.com ]

Autodeterminazione, Siti Consigliati:

[ www.osservatoriodirittiumani.org ]

[ www.hsevoluzione.wixsite.com/popolounicoevolution ]

www.ingramcontent.com/pod-product-compliance
Lightning Source LLC
Chambersburg PA
CBHW050249220526
45465CB00002B/613